Mindfulness
Sudoku

First published in Great Britain in 2020 by
Michael O'Mara Books Limited
9 Lion Yard
Tremadoc Road
London SW4 7NQ

A CIP catalogue record for this book is available from
the British Library.

Papers used by Michael O'Mara Books Limited are natural, recyclable
products made from wood grown in sustainable forests. The
manufacturing processes conform to the environmental regulations of the
country of origin.

ISBN: 978-1-78929-212-1

1 2 3 4 5 6 7 8 9 10

www.mombooks.com

Designed and typeset by Gareth Moore

Printed and bound in Great Britain by CPI Group (UK) Ltd,
Croydon, CR0 4YY

Introduction

It's important to take time each day to clear your mind of distractions, and what better way to do that than with a sudoku puzzle?

Each of the sudoku in this book should be solvable within a coffee or lunch break, so you can fit them into your day as suits you best.

To solve a sudoku, simply place a digit from 1 to 9 into each empty square, so that no digit repeats in any row, column or bold-lined 3×3 box.

Sudoku 1

4			8		3			2
	3	8	7		6	5	9	
	9		5		2		3	
9	7	4				2	5	3
6	1	2				7	4	8
	5		4		9		1	
	2	9	1		7	4	8	
1			3		8			9

Sudoku 2

6		4	1		9	7		8
	7		2		8		5	
1								9
4	1			5			8	3
			3		4			
3	8			7			6	4
2								5
	9		7		5		3	
7		5	8		3	6		2

Sudoku 3

2	3			1			4	6
4				5				1
			7		4			
		3	5	7	9	1		
7	5		2		1		3	9
		4	8	6	3	5		
			4		7			
1				3				2
5	4			9			7	3

Sudoku 4

	2		4		5		6	
8								3
		6	9		7	8		
6		2		5		3		9
			7		2			
5		8		6		2		7
		1	3		8	9		
7								2
	3		2		9		8	

Sudoku 5

2			3		9			4
		5	6		1	7		
	6						5	
9	1		5		3		8	6
6	3		8		7		1	2
	2						4	
		8	9		2	6		
7			1		4			9

Sudoku 6

8		7				4		5
			9		4			
3			8		2			6
	9	8		1		2	7	
			2		7			
	5	2		4		8	3	
4			5		3			8
			7		1			
9		3				5		7

Sudoku 7

	7						5	
9		4				7		3
	1		9		2		4	
		6	3	9	4	2		
			2		7			
		7	1	8	6	5		
	2		5		8		7	
6		5				8		2
	9						6	

Sudoku 8

		8	9		5	3		
		3		8		4		
5	6						9	8
8			2		6			3
	7						1	
9			1		8			2
3	4						8	6
		9		3		7		
		2	7		4	9		

Sudoku 9

		3		4		9		
	2			8			1	
4		6				3		2
			5	2	9			
5	9		4		8		2	6
			6	7	1			
2		4				1		9
	1			9			3	
		5		6		8		

Sudoku 10

	4		8		6		1	
2		6				7		4
	9						3	
6				1				9
			9	2	4			
4				8				7
	7						2	
8		2				1		6
	6		2		1		4	

Sudoku 11

3			1		5			2
	4			7			1	
		1		9		3		
1			2	5	8			6
	7	9	3		6	2	5	
5			9	4	7			1
		2		6		5		
	5			2			6	
9			5		1			7

Sudoku 12

	7	4		3		9	1	
1								2
2			9		1			3
		1		7		8		
3			6		9			4
		5		4		2		
8			7		4			6
9								1
	2	6		1		4	9	

Sudoku 13

	7			9			3	
			5	3	6			
		2				6		
			6		2			
2	1						6	7
		6	9		7	5		
9	4						1	6
		8		5		3		
3			1		4			9

Sudoku 14

			5	8	3			
		1		4		6		
	8		6		9		5	
3		4				1		7
5	1						2	4
8		6				5		3
	3		9		5		4	
		9		2		3		
			8	3	1			

Sudoku 15

1	7			2			6	3
				9				
2		5				7		1
9			6	3	7			2
6			9	5	2			4
3		6				8		5
				7				
7	2			1			3	6

Sudoku 16

	9						3	
3	5		7		1		6	2
		8		5		7		
	8		5		2		7	
		1				5		
	7		1		9		8	
		3		7		1		
7	4		8		6		5	3
	1						2	

Sudoku 17

9								5
	5		8		1		9	
		4	5		3	6		
	4	6		1		5	3	
			4		8			
	3	7		5		9	1	
		2	1		4	8		
	9		2		5		6	
4								2

Sudoku 18

			6	8		1		
	6					9	3	
4	1				3			
		3		7				9
7			3		2			6
6				9		2		
			1				9	7
	4	7					5	
		1		4	9			

Sudoku 19

		6	3			1	9		
			4			7			
5		1		6			2		7
4	1							2	3
		2					1		
8	3							9	6
2		4		3			6		9
			6		2				
		5	1		9	4			

Sudoku 20

	1	7				8	5	
2			5		1			4
6								9
	5			2			9	
			4	8	9			
	9			7			4	
7								5
5			6		3			7
	8	9				1	3	

Sudoku 21

	8		3		1		6	
9	3						8	7
		2				3		
	6	8		3		2	9	
				2				
	2	9		7		6	3	
		6				8		
4	9						1	3
	1		7		4		2	

Sudoku 22

		4		2		7		
	7		4		6		8	
2			5		7			9
	5	6				8	1	
3								5
	1	7				2	4	
7			9		2			1
	4		7		3		2	
		9		5		3		

Sudoku 23

		1	4		9	5		
	4			6			8	
3			8		5			4
6		4				9		7
	3						5	
7		8				3		6
5			7		4			9
	7			5			4	
		9	1		3	6		

Sudoku 24

3								5
	5		3	7	9		4	
		9		5		7		
	3		5		4		2	
	1	8				4	5	
	7		9		8		1	
		3		4		9		
	2		6	9	1		7	
4								2

Sudoku 25

	1						4	
6		8				2		9
	5		1		2		3	
		1	2	5	8	6		
			4		6			
		6	9	7	1	4		
	4		3		7		9	
8		9				3		7
	6						5	

Sudoku 26

	4		8	5				
		6			2			1
		1			6	7	9	
	5	9						6
6								3
2						8	4	
	3	8	1			5		
1			6			3		
				8	9		1	

Sudoku 27

			7		4			
	6	4		1		3	7	
	7		3		6		8	
5		2				7		8
	4						9	
9		3				6		1
	9		5		7		6	
	3	7		4		1	5	
			1		3			

Sudoku 28

4								
	6				5	7		
3			4	7		9		2
					9	8	3	
		9				2		
	7	3	5					
6		1		3	2			9
		2	7				6	
								5

Sudoku 29

4	3						8	6
2	7			1			3	4
				8				
			3		6			
	1	2				9	6	
			1		8			
				3				
8	4			7			2	9
9	5						4	3

Sudoku 30

		8		6		2		
			2		4			
4			5	7	3			9
	8	3				5	4	
9		1				3		6
	7	2				1	9	
8			3	4	7			1
			6		5			
		4		9		7		

Sudoku 31

9				6				3
			8	7	4			
		4	3		5	8		
	9	1				7	3	
5	8						6	9
	4	3				1	2	
		9	5		6	3		
			9	3	7			
7				8				2

Sudoku 32

	3		8		6		5	
4								9
			5	7	4			
7		9				5		3
		1		3		4		
3		5				7		8
			6	1	2			
8								2
	7		9		8		3	

Sudoku 33

		4	7		3	2		
				5				
3		9				1		4
1			4		8			9
	6	8				5	7	
9			6		5			1
5		1				6		7
				8				
		2	5		7	4		

Sudoku 34

				2				
		2	1		5	9		
	8	7				4	5	
	3		9		2		1	
8								7
	5		8		1		9	
	7	8				3	6	
		5	7		6	2		
				9				

Sudoku 35

	9			8			1	
4			3		2			9
		3				7		
	8		9	3	1		5	
5			2		8			7
	2		4	7	5		3	
		5				8		
1			8		3			2
	6			1			9	

Sudoku 36

		4	5		8	7		
		7				4		
9	3						2	8
5			4	8	9			7
			2		3			
4			1	7	6			3
3	7						1	2
		8				3		
		9	7		1	6		

Sudoku 37

5								7
	3	4				8	9	
	8		1		6		2	
		6	2		7	9		
		3	6		4	1		
	6		8		3		7	
	2	1				4	8	
3								5

Sudoku 38

3		6	8		1	5		2
5				2				6
8			6		5			4
4	5		2		6		9	7
			9		4			
	7	5	4		8	6	2	
1		4				3		9
				9				

Sudoku 39

	3		6		4		1	
5			7		2			4
		6		3		5		
6	1						8	2
		4				3		
9	8						4	7
		8		6		2		
3			2		8			1
	6		1		5		7	

Sudoku 40

		7			8		9	
4	6		5				2	
				2				3
8			3		2		1	
		1				6		
	7		4		5			9
7				4				
	9				3		6	8
	2		8			1		

Sudoku 41

		1				7		
	6		2		9		1	
2		8				5		3
	5		9	1	6		7	
			5		2			
	2		4	8	3		5	
5		9				1		7
	4		7		1		8	
		3				9		

Sudoku 42

8			4		2			9
	4			9			6	
		3	8		6	5		
4		7				2		1
	1						8	
6		2				3		7
		4	1		3	9		
	9			5			3	
3			9		8			5

Sudoku 43

6			8		1			5
		1				6		
	2		9		6		1	
1		6	7		2	8		4
7		9	4		3	5		6
	7		2		9		6	
		4				2		
2			3		4			8

Sudoku 44

6								8
	9			1			3	
		2	3		7	5		
		9	5		3	1		
	5			6			8	
		8	1		9	2		
		6	8		2	9		
	4			5			2	
2								5

Sudoku 45

4								3
		3	5		2	1		
	6		7		3		2	
	9	8	3		6	5	7	
	3	5	1		4	8	9	
	2		6		9		1	
		6	4		7	9		
5								7

Sudoku 46

3				2				4
	2	7				8	1	
	8	5		3		2	9	
			2		6			
9		3				4		2
			4		3			
	4	9		7		5	2	
	3	2				7	8	
8				1				9

Sudoku 47

3	5						9	6
7			6	9	4			1
	1		9		6		3	
	6			2			8	
	8		4		5		1	
2			1	4	8			5
1	9						6	3

Sudoku 48

7								5
	4			6			3	
		6		8		4		
		8	1		4	2		
5				7				4
		2	3		6	7		
		4		1		8		
	5			4			6	
6								2

Sudoku 49

3			5		4			1
		1	3		2	7		
	9			7			4	
2	1						5	7
		9				2		
6	8						1	9
	3			5			9	
		4	9		7	3		
9			2		1			4

Sudoku 50

		8		1		3		
			9		5			
9				7				4
	2		1		9		6	
7		4				9		3
	5		7		6		8	
3				9				6
			3		7			
		1		2		8		

Sudoku 51

		1	7		2	9		
	5			6			1	
3				5				4
6				3				1
	4	2	6		9	5	3	
8				1				9
7				9				2
	1			4			9	
		4	3		7	1		

Sudoku 52

3		8	9				6	4
4	6						7	
					5			8
3			4					6
			2		9			
8				7		3		
6			8					
	8						2	1
2	5				4	9		3

Sudoku 53

	7		8		4		1	
2								4
		8	5		3	6		
3		6		1		4		9
			4		6			
7		4		8		5		3
		7	6		1	9		
8								6
	5		2		8		4	

Sudoku 54

7		9			2		8	3
1				8				
			7					4
4				6		8		
	9		8	3	4		2	
		5		1				9
9					1			
				2				1
3	7		5			4		2

Sudoku 55

		3		7		6		
	8						9	
9			3		8			2
		8	7	4	3	1		
4			8		1			7
		1	2	9	6	8		
3			4		7			5
	5						8	
		7		6		4		

Sudoku 56

			4	5	9			
	7			2			3	
		5				1		
5			3		6			2
7	8						1	4
2			1		8			9
		3				4		
	9			8			7	
			9	6	3			

Sudoku 57

	9	8					2	
3				7				1
			2	9				6
			9		3	7		
	3	4				8	1	
		6	5		1			
7				1	2			
1				6				8
	2					1	9	

Sudoku 58

		7				2		
	1		9		5		3	
5			2		1			8
9		5				7		4
				2				
		1	7		4	8		
				6				
4			8		9			7
8								1

Sudoku 59

		5		9		4		
	3			2			7	
9			1		7			5
		8				9		
2	1						5	3
		4				2		
8			3		6			4
	2			8			1	
		3		1		8		

Sudoku 60

				7	5			
		3			9	8		
	1		3		6		7	
4	6	2				7		
7								9
		9				3	6	4
	4		5		1		2	
		1	6			4		
			8	9				

Sudoku 61

		6	9		7			
	3	7	6				4	
			8				2	7
6						9	3	2
1	7	9						4
8	5				1			
	6				5	7	1	
			3		9	2		

Sudoku 62

	9						2	
3	4			8			5	9
			4		1			
		5		6		7		
	1		2		3		4	
		9		7		2		
			5		7			
7	5			1			6	2
	2						7	

Sudoku 63

		5	2		1	3		
			7		6			
	8						1	
5	2			6			7	8
1								9
3	6			1			5	2
	5						4	
			6		7			
		6	3		4	9		

Sudoku 64

					6			
	6	1	5				4	
		9			8	5	2	
5		3		6			8	
			1		5			
	9			2		6		3
	7	2	6			4		
	3				2	7	6	
			4					

Sudoku 65

2		5				3		8
				8				
7			9		2			4
		6	8		3	5		
	5						7	
		1	4		5	8		
8			1		9			5
				4				
5		4				6		2

Sudoku 66

5	4			9				3
	7						8	2
		6			2	9		
		3	9		7			
6								1
			5		1	3		
		5	2			6		
7	3						5	
2				8			9	7

Sudoku 67

		1			5		6	
8				9	4			
		5	7			8		1
5	4					6		
	7						5	
		3					4	9
6		2			9	1		
			4	7				6
	5		8			9		

Sudoku 68

8			7		9			6
	6	3				7	8	
	4						3	
9				1				5
			5	8	4			
6				9				1
	8						1	
	7	6				5	9	
3			8		1			4

Sudoku 69

			2		1			
	4						1	
		5		3		4		
	7						9	
	8		9		3		7	
9				8				6
	5	7				9	2	
		8				5		
2	9		8		7		3	1

Sudoku 70

		7	3		4	9		
		2				3		
3	5						1	7
8				4				6
			8	2	5			
5				1				2
2	9						6	8
		3				1		
		8	4		6	2		

Sudoku 71

4		7		2		6		9
			1		6			
8								1
	4		6		2		5	
3								2
	2		4		3		9	
6								3
			3		7			
7		2		5		4		8

Sudoku 72

2				8				6
	3		5		6		7	
			2		9			
	8	9				3	6	
1								9
	4	5				7	2	
			6		5			
	5		7		8		9	
6				1				5

Sudoku 73

8			4		2			1
				1				
		4	8		3	2		
4		7				8		6
	5			6			9	
2		1				5		4
		2	7		9	6		
				3				
7			6		1			8

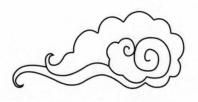

Sudoku 74

		4	7		5	9		
	1		9		8		7	
7								6
5	4						3	2
				3				
3	9						6	4
4								8
	6		5		2		4	
		1	8		6	7		

Sudoku 75

	9		7			1		
						6		5
1	6	3	8			4		
			3		4	2		7
8		9	6		2			
		6			8	5	9	2
2		8						
		1			3		6	

Sudoku 76

				7	9	4	2	
8	1							
			8					7
4				2		9		
			6		7			
		3		5				2
3					8			
							9	5
	6	4	7	3				

Sudoku 77

	9		2	8	3		5	
1			6		4			2
		2				4		
6			9	3	5			4
9			4	2	1			5
		6				5		
4			1		6			8
	1		3	4	7		6	

Sudoku 78

		3	8		5	9		
			4	6	3			
8								7
7	4						1	5
	9			5			3	
5	3						9	6
9								8
			6	9	1			
		7	2		8	1		

Sudoku 79

		8	1	3	2	9		
	1						7	
9								3
3				7				8
8			4	9	5			6
6				8				2
1								9
	6						3	
		9	6	2	4	5		

Sudoku 80

6		5						
			8					2
9	4		7		5			
5						2		8
			4	5	1			
3		7						9
			6		9		7	1
1					4			
						4		6

Sudoku 81

7		2	4		6			
1						2		
		8			3	9	6	
	8	7			5			9
9			2			1	5	
	2	4	9			6		
		1						2
			5		2	8		7

Sudoku 82

	2		6					9
			2	9			3	
3			4		5		8	
		3						
6	7	4				5	2	3
						7		
	1		9		7			4
	4			5	6			
2					1		6	

Sudoku 83

		4		8		2		
			9		3			
5			4	2	7			9
	3	9				4	6	
1		8				9		3
	6	2				5	7	
3			2	4	1			6
			5		9			
		1		7		3		

Sudoku 84

		3		9		4		
			5	4	3			
5			7		2			9
	7	8				5	9	
1	6						8	4
	3	5				6	2	
3			8		7			2
			4	2	1			
		4		5		1		

Sudoku 85

					6	2		
	7		9	2	8		3	
2			4					
7	9					3	5	
	6			8			7	
	5	3					6	8
					2			9
	3		8	4	7		2	
		6	1					

Sudoku 86

3					8	9	5	
7			4	9		6	8	
							4	7
								6
		6	3		1	2		
9								
1	7							
	4	2		7	9			3
	5	3	1					8

Sudoku 87

1		3	9					4
	2						7	
		5	7			6		2
				1		2		9
			5		9			
2		8		7				
8		4			5	1		
	5						2	
7					3	8		5

Sudoku 88

	6					2	8	
	2		8	6				
				7			3	
6			5	3		4		
	8	5				1	6	
		4		2	6			7
	1			4				
				5	2		4	
	4	9					2	

Sudoku 89

						9		4
			2			7		
	8			3	6			
2		4		7		5	8	3
9	6	3		5		2		7
			7	9			4	
		8			1			
5		6						

Sudoku 90

1								7
	4		3		9		2	
		2		5		8		
	1		7		6		9	
		6				2		
	9		8		5		7	
		7		4		9		
	8		5		7		4	
3								1

Sudoku 91

9	7						2	6
	8	2		1		4	3	
5	1						4	7
		9	3		7	1		
7	6						9	2
	5	7		9		2	1	
1	2						8	3

Sudoku 92

8				4				9
	9	3	5				4	
					3		2	
		2		8			9	
4			9		7			1
	7			5		4		
	1		6					
	4				9	5	8	
2				7				4

Sudoku 93

	8	4						
2				8	3		4	
6						7		1
	5	2			7			
			2		9			
			5			1	2	
5		8						2
	7		9	1				6
						3	7	

Sudoku 94

7			9		3			5
		9		5		6		
	6						1	
6				2				3
	3		5		8		9	
1				3				2
	1						6	
		4		8		2		
2			7		4			9

Sudoku 95

3			5		9			7
2	5		3		6		1	4
6	3						8	9
		5				4		
9	7						5	1
7	4		6		2		9	5
8			7		4			2

Sudoku 96

	3			1	2	6		
	2		9				3	1
8				3				
9							6	
4		6		8		3		5
	5							2
				9				6
5	9				4		7	
		8	7	2			1	

Sudoku 97

5		3		9			4	6
9				6	8			
			4					3
	5					9		
3	4						2	8
		1					6	
1					6			
			2	1				7
7	8			4		2		9

Sudoku 98

	4		8		1		9	
8			2	3	5			1
		3				7		
				9				
		6	7		2	8		
				1				
		7				3		
9			3	2	7			8
	5		9		6		7	

Sudoku 99

5				9				7
		4	7		8	9		
	8						6	
	1			5			8	
4			8		9			2
	9			4			3	
	4						9	
		5	3		4	1		
3				1				6

Sudoku 100

	8						2	
			7		2		3	
3						9		
		8		2		6		1
		6	4	5	8	2		
2		5		9		4		
		3						8
	4		8		6			
	6						1	

Sudoku 101

	4		7		8		6	
6			3		5			4
		7				2		
2	6						8	7
				8				
4	1						9	5
		1				4		
3			5		9			1
	2		8		6		7	

Sudoku 102

		1	3				8	
		9		4			6	
5					2			1
					1			9
	1			6			5	
7			2					
2			4					3
	6			5		2		
	5				8	6		

Sudoku 103

	4		8		7		1	
8								3
	1		5		9		4	
	8						3	
		4		6		1		
	6						2	
	5		2		6		7	
9								8
	3		9		4		6	

Sudoku 104

	7	2		3	8			
	8		5	2				7
				4	1		3	8
2	5					6		
		7				4		
		1					2	5
6	2		3	9				
7				8	2		5	
			1	5		3	6	

Sudoku 105

			2			8		9
			1					2
	5			9	3			
		1		8			2	
		5	6		7	4		
	8			3		9		
			4	1			8	
1					5			
4		3			9			

Sudoku 106

	9		3		6		2	
	6		1	7	2		5	
	1						3	
6			2	5	3			9
8		5				2		7
7	5			3			8	2
	8						6	
			8		4			

Sudoku 107

8			4	5		3		
2					7			
	3				1		9	
4								1
		1		6		2		
9								7
	9		1				2	
			8					6
		6		9	2			5

Sudoku 108

						4	8	
			4	5			9	6
	5			1		2		
	3			4	2	7		
			6		1			
		2	5	8			6	
		5		9			3	
8	9			3	5			
	7	4						

Sudoku 109

	3						7	
5				2				9
		7	6		1	5		
		5		7		6		
	7		8		6		1	
		1		9		3		
		8	7		3	4		
4				6				8
	5						6	

Sudoku 110

	4		7		3		8	
5								7
	8	7				6	3	
		9		1		7		
7			4		2			8
		8		5		9		
	7	1				4	9	
2								1
	3		9		1		2	

Sudoku 111

4			2				9	
			5					2
7	1					4		
	8		3	5		2		
9								8
		3		8	4		5	
		9					2	7
8					6			
	4				7			6

Sudoku 112

				4		3		
	1	2		5			8	
7					2		6	
		7		3				
9	3		2		7		5	1
				1		9		
	7		6					3
	4			7		5	1	
		6		2				

Sudoku 113

		8	7		9	3		
				4				
6		2				5		9
9			4		3			6
	2						7	
3			8		1			4
7		6				1		5
				5				
		3	9		6	4		

Sudoku 114

	2				1	3	6	
5								2
8		3			6	7		
9		5	3		7			
			5		9	4		8
		6	9			2		4
3								6
	5	2	1				7	

Sudoku 115

4			8				6	3
5		8		4				
			2	3			5	
						5		1
	4	5				2	3	
1		7						
	9			8	5			
				6		8		9
8	7				1			5

Sudoku 116

	4	8	5				3	
5	6		3				8	9
				4				7
							7	6
		7				9		
3	2							
2				8				
9	1				5		6	2
	8				6	7	9	

Sudoku 117

1								6
	6						8	
		2	3		6	1		
7	4			5			2	1
		6				8		
	2		7		8		5	
6				2				4
3	9			4			6	2

Sudoku 118

		5		9		3		
1		9				6		7
			5		4			
	9						4	
			3	7	8			
7		1				8		5
				8				
	2						6	
		4	7		3	2		

Sudoku 119

	6				1		2	
		3		8		9		
					5	3	6	
	8				3	4		
3								5
		1	2				3	
	4	9	6					
		8		7		5		
	5		1				8	

Sudoku 120

4				9				7
		2			7	1		
	1		4				9	
	2			8		9		
8			5		9			1
		9		6			5	
	3				4		1	
		6	8			3		
9				2				5

Sudoku 121

	8						4	
5		6		9		3		7
	9						1	
			5	4	6			
	3	5				1	9	
		3				4		
	1		2		5		8	
	2		4		8		5	

Sudoku 122

		7						
	4			7	6		9	
		9	3			7		1
	3			2		1		
	8		6		4		7	
		6		1			2	
8		2			9	6		
	7		4	6			8	
						2		

Sudoku 123

	2			8	4			
	5	1	6					
3			2			1		
		5			9		6	
		9				7		
	6		7			5		
		2			5			9
					8	4	1	
			4	2			7	

Sudoku 124

4			6		8			3
				5				
1		6				4		8
		2	5		4	9		
5				9				1
			2		6			
	8		1		7		3	
	7		3		9		1	
2								9

Sudoku 125

		4			8			
	2	1				6		3
7					9			2
9				4				
		6				2		
				2				6
4			5					1
5		7				4	6	
			8			7		

Sudoku 126

		9						
			8	3	7		5	
	8	4			1		3	
	6			1				8
			2		6			
1				8			6	
	9		4			6	1	
	4		3	5	8			
						3		

Sudoku 127

7					6			2
		9	7	3				
		5				1	3	
9							4	
	2			7			8	
	7							5
	9	1				6		
				8	5	2		
5			4					9

Sudoku 128

	9	5				4	3	
1				2				8
2								7
		3				8		
	8		7		6		9	
				7				
4		6	9		2	1		3
		9	3		4	6		

Sudoku 129

					9	2	3	
4		8		1				
3			8	5			7	
1						3		
	8	4				7	5	
		3						2
	5			3	6			9
				9		5		3
	3	6	1					

Sudoku 130

			5					
						9	2	1
6		8		9		7	3	
			1			8	6	3
2	6	9			5			
	8	5		7		4		9
9	2	7						
					8			

Sudoku 131

	2		6		1		4	
			4		7			
		4	2		8	1		
	7		3		5		1	
	4	3				6	5	
2				1				9
8								5
4				2				6
		7				9		

Sudoku 132

		6	7		9	4		
				8				
	1			3			9	
		8				2		
5	6		8		2		4	9
	9		4		5		7	
9		1				5		7
				9				
	4						2	

Sudoku 133

5	8		9					2
								3
		6	7	4		9		
			8		4	3		7
		3				6		
7		1	3		9			
		2		5	7	1		
4								
1					6		9	5

Sudoku 134

4		3						6
	7			2				
			1				5	9
		5		1			4	
1			4		8			5
	4			9		6		
5	1				7			
				6			1	
7						3		4

Sudoku 135

2								1
		9		8		2		
	6		5		4		3	
		2	7		9	3		
	7						5	
		1	6		5	7		
	9		2		3		7	
		3		9		8		
7								3

Sudoku 136

	6		3	1	7		2	
				2				
	9		6		5		3	
7								3
	1			8			4	
		9				7		
4				7				6
6			8		4			7
		5				3		

Sudoku 137

4		1			6			9
	9					6	8	
	8		9					5
1				2		5		
			8		1			
		4		3				6
2					3		6	
	4	8					5	
6			2			3		7

Sudoku 138

		1				6		
3			1		9			5
	2		8		4		1	
	3			5			8	
8	5						4	1
9			2		1			6
				4				
	1		5		2		6	
	9						3	

Sudoku 139

	8	7					6	
					5			7
5	4		1		7			
8			7	6				3
7				9	3			8
			2		6		8	5
6			4					
	2					3	4	

Sudoku 140

		1				2		
	5		2		1		3	
2				3				7
	7		8		6		2	
		9				8		
	8		7		2		9	
8				2				1
	1		3		4		5	
		3				4		

Sudoku 141

		2			9			6
	6		3	4				8
9	1							
2							7	
			9	5	2			
	3							4
							4	7
8				6	3		9	
6			7			1		

Sudoku 142

		7		8			6	
5			2	3				
					1			9
		9					2	
2	3						7	5
	4					3		
7			3					
				5	2			1
	5			9		2		

Sudoku 143

3				8				2
			4	1	2			
		6				9		
	5	4				3	2	
7		2				4		9
	6	1				8	7	
		3				5		
			1	5	4			
6				3				7

Sudoku 144

	8					9		
2						7		3
		9			3		5	
	1			9	4			
	6			1			2	
			5	8			9	
	9		2			8		
1		4						6
		6					4	

Sudoku 145

4	7			1			9	6
	9	1				8	3	
	6		5	4	7		2	
		7		2		3		
	2		6	3	1		5	
	1	6				5	8	
3	4			7			1	9

Sudoku 146

9				6				3
			1		3			
		7		4		6		
	8		6	1	4		5	
3		6	9		2	8		7
	2		8	3	7		9	
		3		8		9		
			3		1			
5				7				1

Sudoku 147

			9		1	3		2
	5		8				4	
					6		5	1
4	6		2				3	
	1				4		2	5
1	8		5					
	2				7		8	
6		4	3		8			

Sudoku 148

			6			7		
				9				
4		1		8	3			9
	6	8				3		
	9						8	
		2				5	1	
8			1	7		6		3
				2				
		3			8			

Sudoku 149

4			7			1		9
	9			1			6	
2			3					
				2		8		5
	7		5		6		3	
5		8		4				
					1			6
	1			9			4	
6		9			5			1

Sudoku 150

2		5		8				3
	1			9		2	6	
		8						4
1			3					
			7	4	8			
					9			7
8						6		
	7	9		3			1	
3				6		7		2

Sudoku 151

	6		4	9	1			
				3	7		5	1
5	9				2	8		
		6				7		
		8	3				9	2
3	2		1	7				
			6	5	9		4	

Sudoku 152

					9		5	2
					8			
5					3	8	4	
	9	5						
	8	6		5		3	1	
						5	6	
	6	7	9					4
			6					
9	3		1					

Sudoku 153

1	9						2	6
		2				3		
5								1
7								5
8		4		5		1		3
			4		1			
4				6				8
	1		5		3		9	
	8			4			3	

Sudoku 154

8	9	1				3	6	4
2								5
		7				9		
6				1				3
		5		6		2		
		8	3		9	5		
			1		4			
				5				
4			9	7	6			1

Sudoku 155

		1	4				3	
5						2		
	2				8		7	
7	9							
1			2		7			8
							5	6
	6		1				4	
		4						1
	1				2	8		

Sudoku 156

3	7						4	5
		8	4		7	2		
2								9
			5		2			
6	5			3			8	7
			7		8			
8								1
		4	3		1	5		
9	1						6	4

Sudoku 157

4			7				8	6
6				9	3			
			8	6				
	4					7		2
	7	2				5	1	
8		1					4	
				2	1			
			3	4				7
2	5				7			3

Sudoku 158

		5	4		3	7		
7				6				3
	3						1	
5			9		8			6
		8				2		
1			7		2			8
	7						8	
3				2				4
		9	8		1	3		

Sudoku 159

5					8			
		9				1		8
		3		2	6			
8				6	7			
	3						7	
			2	5				9
			6	1		5		
4		2				9		
			7					4

Sudoku 160

		3	8					
				2	9			
9	2				1			8
2					7	9		5
	5						2	
3		7	4					6
6			2				4	9
			6	4				
					8	3		

Sudoku 161

4					2			3
		6		1				
		8	3		6	4	1	
1		4				2		
	7						5	
		3				7		1
	8	2	9		1	3		
				2		5		
3			8					7

Sudoku 162

			3		4			
		3		1		2		
	9		6		2		3	
8		5				1		7
	6						2	
7		1				9		4
	1		9		8		5	
		9		6		7		
			4		5			

Solutions

Puzzle 1

4	6	5	8	9	3	1	7	2
2	3	8	7	1	6	5	9	4
7	9	1	5	4	2	8	3	6
9	7	4	6	8	1	2	5	3
5	8	3	2	7	4	9	6	1
6	1	2	9	3	5	7	4	8
8	5	6	4	2	9	3	1	7
3	2	9	1	6	7	4	8	5
1	4	7	3	5	8	6	2	9

Puzzle 2

6	5	4	1	3	9	7	2	8
9	7	3	2	4	8	1	5	6
1	2	8	5	6	7	3	4	9
4	1	7	6	5	2	9	8	3
5	6	9	3	8	4	2	1	7
3	8	2	9	7	1	5	6	4
2	3	1	4	9	6	8	7	5
8	9	6	7	2	5	4	3	1
7	4	5	8	1	3	6	9	2

Puzzle 3

2	3	5	9	1	8	7	4	6
4	8	7	3	5	6	2	9	1
6	9	1	7	2	4	3	5	8
8	2	3	5	7	9	1	6	4
7	5	6	2	4	1	8	3	9
9	1	4	8	6	3	5	2	7
3	6	2	4	8	7	9	1	5
1	7	9	6	3	5	4	8	2
5	4	8	1	9	2	6	7	3

Puzzle 4

9	2	3	4	8	5	7	6	1
8	4	7	6	2	1	5	9	3
1	5	6	9	3	7	8	2	4
6	7	2	8	5	4	3	1	9
3	1	4	7	9	2	6	5	8
5	9	8	1	6	3	2	4	7
2	6	1	3	4	8	9	7	5
7	8	9	5	1	6	4	3	2
4	3	5	2	7	9	1	8	6

Puzzle 5

2	7	1	3	5	9	8	6	4
8	9	5	6	4	1	7	2	3
4	6	3	2	7	8	9	5	1
9	1	7	5	2	3	4	8	6
5	8	2	4	1	6	3	9	7
6	3	4	8	9	7	5	1	2
3	2	9	7	6	5	1	4	8
1	4	8	9	3	2	6	7	5
7	5	6	1	8	4	2	3	9

Puzzle 6

8	2	7	1	3	6	4	9	5
5	6	1	9	7	4	3	8	2
3	4	9	8	5	2	7	1	6
6	9	8	3	1	5	2	7	4
1	3	4	2	8	7	6	5	9
7	5	2	6	4	9	8	3	1
4	7	6	5	9	3	1	2	8
2	8	5	7	6	1	9	4	3
9	1	3	4	2	8	5	6	7

Solutions

Puzzle 7

8	7	2	6	4	3	9	5	1
9	6	4	8	1	5	7	2	3
5	1	3	9	7	2	6	4	8
1	5	6	3	9	4	2	8	7
4	8	9	2	5	7	1	3	6
2	3	7	1	8	6	5	9	4
3	2	1	5	6	8	4	7	9
6	4	5	7	3	9	8	1	2
7	9	8	4	2	1	3	6	5

Puzzle 8

4	2	8	9	1	5	3	6	7
7	9	3	6	8	2	4	5	1
5	6	1	3	4	7	2	9	8
8	1	4	2	9	6	5	7	3
2	7	6	4	5	3	8	1	9
9	3	5	1	7	8	6	4	2
3	4	7	5	2	9	1	8	6
6	5	9	8	3	1	7	2	4
1	8	2	7	6	4	9	3	5

Puzzle 9

1	5	3	2	4	6	9	7	8
7	2	9	3	8	5	6	1	4
4	8	6	9	1	7	3	5	2
3	6	7	5	2	9	4	8	1
5	9	1	4	3	8	7	2	6
8	4	2	6	7	1	5	9	3
2	7	4	8	5	3	1	6	9
6	1	8	7	9	4	2	3	5
9	3	5	1	6	2	8	4	7

Puzzle 10

3	4	7	8	9	6	5	1	2
2	8	6	1	3	5	7	9	4
5	9	1	7	4	2	6	3	8
6	2	3	5	1	7	4	8	9
7	5	8	9	2	4	3	6	1
4	1	9	6	8	3	2	5	7
1	7	4	3	6	8	9	2	5
8	3	2	4	5	9	1	7	6
9	6	5	2	7	1	8	4	3

Puzzle 11

3	9	7	1	8	5	6	4	2
2	4	5	6	7	3	9	1	8
6	8	1	4	9	2	3	7	5
1	3	4	2	5	8	7	9	6
8	7	9	3	1	6	2	5	4
5	2	6	9	4	7	8	3	1
4	1	2	7	6	9	5	8	3
7	5	3	8	2	4	1	6	9
9	6	8	5	3	1	4	2	7

Puzzle 12

6	7	4	2	3	5	9	1	8
1	3	9	4	8	7	6	5	2
2	5	8	9	6	1	7	4	3
4	9	1	3	7	2	8	6	5
3	8	2	6	5	9	1	7	4
7	6	5	1	4	8	2	3	9
8	1	3	7	9	4	5	2	6
9	4	7	5	2	6	3	8	1
5	2	6	8	1	3	4	9	7

Solutions

Puzzle 13

6	7	4	2	9	8	1	3	5
8	9	1	5	3	6	2	7	4
5	3	2	4	7	1	6	9	8
7	5	3	6	4	2	9	8	1
2	1	9	3	8	5	4	6	7
4	8	6	9	1	7	5	2	3
9	4	5	8	2	3	7	1	6
1	6	8	7	5	9	3	4	2
3	2	7	1	6	4	8	5	9

Puzzle 14

6	7	2	5	8	3	4	1	9
9	5	1	7	4	2	6	3	8
4	8	3	6	1	9	7	5	2
3	9	4	2	5	8	1	6	7
5	1	7	3	9	6	8	2	4
8	2	6	1	7	4	5	9	3
7	3	8	9	6	5	2	4	1
1	6	9	4	2	7	3	8	5
2	4	5	8	3	1	9	7	6

Puzzle 15

1	7	8	4	2	5	9	6	3
4	6	3	7	9	1	2	5	8
2	9	5	8	6	3	7	4	1
9	4	1	6	3	7	5	8	2
5	3	2	1	8	4	6	9	7
6	8	7	9	5	2	3	1	4
3	1	6	2	4	9	8	7	5
8	5	4	3	7	6	1	2	9
7	2	9	5	1	8	4	3	6

Puzzle 16

1	9	7	6	2	8	4	3	5
3	5	4	7	9	1	8	6	2
6	2	8	3	5	4	7	1	9
4	8	9	5	6	2	3	7	1
2	3	1	4	8	7	5	9	6
5	7	6	1	3	9	2	8	4
9	6	3	2	7	5	1	4	8
7	4	2	8	1	6	9	5	3
8	1	5	9	4	3	6	2	7

Puzzle 17

9	8	1	7	2	6	3	4	5
6	5	3	8	4	1	2	9	7
7	2	4	5	9	3	6	8	1
2	4	6	9	1	7	5	3	8
5	1	9	4	3	8	7	2	6
8	3	7	6	5	2	9	1	4
3	7	2	1	6	4	8	5	9
1	9	8	2	7	5	4	6	3
4	6	5	3	8	9	1	7	2

Puzzle 18

3	7	9	6	8	4	1	2	5
8	6	2	5	1	7	9	3	4
4	1	5	9	2	3	7	6	8
1	2	3	8	7	6	5	4	9
7	9	4	3	5	2	8	1	6
6	5	8	4	9	1	2	7	3
2	8	6	1	3	5	4	9	7
9	4	7	2	6	8	3	5	1
5	3	1	7	4	9	6	8	2

Solutions

Puzzle 19

7	8	6	3	2	1	9	5	4
9	2	3	4	5	7	8	6	1
5	4	1	9	6	8	2	3	7
4	1	9	5	8	6	7	2	3
6	5	2	7	9	3	1	4	8
8	3	7	2	1	4	5	9	6
2	7	4	8	3	5	6	1	9
1	9	8	6	4	2	3	7	5
3	6	5	1	7	9	4	8	2

Puzzle 20

9	1	7	2	6	4	8	5	3
2	3	8	5	9	1	6	7	4
6	4	5	8	3	7	2	1	9
1	5	4	3	2	6	7	9	8
3	7	2	4	8	9	5	6	1
8	9	6	1	7	5	3	4	2
7	6	3	9	1	8	4	2	5
5	2	1	6	4	3	9	8	7
4	8	9	7	5	2	1	3	6

Puzzle 21

5	8	7	3	4	1	9	6	2
9	3	1	2	5	6	4	8	7
6	4	2	9	8	7	3	5	1
7	6	8	1	3	5	2	9	4
3	5	4	6	2	9	1	7	8
1	2	9	4	7	8	6	3	5
2	7	6	5	1	3	8	4	9
4	9	5	8	6	2	7	1	3
8	1	3	7	9	4	5	2	6

Puzzle 22

8	9	4	3	2	1	7	5	6
5	7	3	4	9	6	1	8	2
2	6	1	5	8	7	4	3	9
4	5	6	2	3	9	8	1	7
3	8	2	1	7	4	6	9	5
9	1	7	8	6	5	2	4	3
7	3	8	9	4	2	5	6	1
6	4	5	7	1	3	9	2	8
1	2	9	6	5	8	3	7	4

Puzzle 23

2	8	1	4	7	9	5	6	3
9	4	5	3	6	2	7	8	1
3	6	7	8	1	5	2	9	4
6	5	4	2	3	8	9	1	7
1	3	2	6	9	7	4	5	8
7	9	8	5	4	1	3	2	6
5	1	6	7	2	4	8	3	9
8	7	3	9	5	6	1	4	2
4	2	9	1	8	3	6	7	5

Puzzle 24

3	4	7	1	8	6	2	9	5
6	5	2	3	7	9	1	4	8
1	8	9	4	5	2	7	3	6
9	3	6	5	1	4	8	2	7
2	1	8	7	6	3	4	5	9
5	7	4	9	2	8	6	1	3
7	6	3	2	4	5	9	8	1
8	2	5	6	9	1	3	7	4
4	9	1	8	3	7	5	6	2

Solutions

Puzzle 25

2	1	7	6	9	3	5	4	8
6	3	8	7	4	5	2	1	9
9	5	4	1	8	2	7	3	6
4	9	1	2	5	8	6	7	3
5	7	2	4	3	6	9	8	1
3	8	6	9	7	1	4	2	5
1	4	5	3	6	7	8	9	2
8	2	9	5	1	4	3	6	7
7	6	3	8	2	9	1	5	4

Puzzle 26

9	4	7	8	5	1	6	3	2
3	8	6	7	9	2	4	5	1
5	2	1	4	3	6	7	9	8
8	5	9	2	4	3	1	7	6
6	7	4	5	1	8	9	2	3
2	1	3	9	6	7	8	4	5
7	3	8	1	2	4	5	6	9
1	9	2	6	7	5	3	8	4
4	6	5	3	8	9	2	1	7

Puzzle 27

3	2	5	7	8	4	9	1	6
8	6	4	9	1	2	3	7	5
1	7	9	3	5	6	2	8	4
5	1	2	4	6	9	7	3	8
7	4	6	8	3	1	5	9	2
9	8	3	2	7	5	6	4	1
4	9	1	5	2	7	8	6	3
2	3	7	6	4	8	1	5	9
6	5	8	1	9	3	4	2	7

Puzzle 28

4	9	7	2	8	3	5	1	6
2	6	8	9	1	5	7	4	3
3	1	5	4	7	6	9	8	2
5	2	6	1	4	9	8	3	7
8	4	9	3	6	7	2	5	1
1	7	3	5	2	8	6	9	4
6	5	1	8	3	2	4	7	9
9	3	2	7	5	4	1	6	8
7	8	4	6	9	1	3	2	5

Puzzle 29

4	3	9	2	5	7	1	8	6
2	7	8	6	1	9	5	3	4
1	6	5	4	8	3	2	9	7
5	8	7	3	9	6	4	1	2
3	1	2	7	4	5	9	6	8
6	9	4	1	2	8	3	7	5
7	2	6	9	3	4	8	5	1
8	4	3	5	7	1	6	2	9
9	5	1	8	6	2	7	4	3

Puzzle 30

7	5	8	9	6	1	2	3	4
3	1	9	2	8	4	6	5	7
4	2	6	5	7	3	8	1	9
6	8	3	7	1	9	5	4	2
9	4	1	8	5	2	3	7	6
5	7	2	4	3	6	1	9	8
8	6	5	3	4	7	9	2	1
1	9	7	6	2	5	4	8	3
2	3	4	1	9	8	7	6	5

Solutions

Puzzle 31

9	7	8	1	6	2	5	4	3
3	6	5	8	7	4	2	9	1
1	2	4	3	9	5	8	7	6
2	9	1	6	4	8	7	3	5
5	8	7	2	1	3	4	6	9
6	4	3	7	5	9	1	2	8
4	1	9	5	2	6	3	8	7
8	5	2	9	3	7	6	1	4
7	3	6	4	8	1	9	5	2

Puzzle 32

1	3	7	8	9	6	2	5	4
4	5	8	1	2	3	6	7	9
9	2	6	5	7	4	3	8	1
7	6	9	4	8	1	5	2	3
2	8	1	7	3	5	4	9	6
3	4	5	2	6	9	7	1	8
5	9	3	6	1	2	8	4	7
8	1	4	3	5	7	9	6	2
6	7	2	9	4	8	1	3	5

Puzzle 33

8	5	4	7	1	3	2	9	6
2	1	6	9	5	4	7	8	3
3	7	9	8	6	2	1	5	4
1	2	5	4	7	8	3	6	9
4	6	8	3	9	1	5	7	2
9	3	7	6	2	5	8	4	1
5	8	1	2	4	9	6	3	7
7	4	3	1	8	6	9	2	5
6	9	2	5	3	7	4	1	8

Puzzle 34

5	6	9	4	2	7	1	3	8
3	4	2	1	8	5	9	7	6
1	8	7	3	6	9	4	5	2
7	3	6	9	5	2	8	1	4
8	9	1	6	4	3	5	2	7
2	5	4	8	7	1	6	9	3
9	7	8	2	1	4	3	6	5
4	1	5	7	3	6	2	8	9
6	2	3	5	9	8	7	4	1

Puzzle 35

6	9	2	7	8	4	3	1	5
4	1	7	3	5	2	6	8	9
8	5	3	1	9	6	7	2	4
7	8	4	9	3	1	2	5	6
5	3	1	2	6	8	9	4	7
9	2	6	4	7	5	1	3	8
3	4	5	6	2	9	8	7	1
1	7	9	8	4	3	5	6	2
2	6	8	5	1	7	4	9	3

Puzzle 36

6	2	4	5	9	8	7	3	1
8	5	7	3	1	2	4	9	6
9	3	1	6	4	7	5	2	8
5	1	3	4	8	9	2	6	7
7	8	6	2	5	3	1	4	9
4	9	2	1	7	6	8	5	3
3	7	5	8	6	4	9	1	2
1	6	8	9	2	5	3	7	4
2	4	9	7	3	1	6	8	5

Solutions

Puzzle 37

5	1	2	9	4	8	3	6	7
6	3	4	7	2	5	8	9	1
9	8	7	1	3	6	5	2	4
1	4	6	2	5	7	9	3	8
2	5	9	3	8	1	7	4	6
8	7	3	6	9	4	1	5	2
4	6	5	8	1	3	2	7	9
7	2	1	5	6	9	4	8	3
3	9	8	4	7	2	6	1	5

Puzzle 38

3	9	6	8	4	1	5	7	2
5	4	7	3	2	9	8	1	6
8	1	2	6	7	5	9	3	4
2	6	9	7	1	3	4	5	8
4	5	3	2	8	6	1	9	7
7	8	1	9	5	4	2	6	3
9	7	5	4	3	8	6	2	1
1	2	4	5	6	7	3	8	9
6	3	8	1	9	2	7	4	5

Puzzle 39

8	3	2	6	5	4	7	1	9
5	9	1	7	8	2	6	3	4
4	7	6	9	3	1	5	2	8
6	1	5	4	7	3	9	8	2
7	2	4	8	1	9	3	5	6
9	8	3	5	2	6	1	4	7
1	4	8	3	6	7	2	9	5
3	5	7	2	9	8	4	6	1
2	6	9	1	4	5	8	7	3

Puzzle 40

2	5	7	1	3	8	4	9	6
4	6	3	5	7	9	8	2	1
9	1	8	6	2	4	7	5	3
8	4	9	3	6	2	5	1	7
5	3	1	9	8	7	6	4	2
6	7	2	4	1	5	3	8	9
7	8	6	2	4	1	9	3	5
1	9	4	7	5	3	2	6	8
3	2	5	8	9	6	1	7	4

Puzzle 41

4	3	1	6	5	8	7	9	2
7	6	5	2	3	9	8	1	4
2	9	8	1	4	7	5	6	3
3	5	4	9	1	6	2	7	8
8	1	6	5	7	2	4	3	9
9	2	7	4	8	3	6	5	1
5	8	9	3	6	4	1	2	7
6	4	2	7	9	1	3	8	5
1	7	3	8	2	5	9	4	6

Puzzle 42

8	6	5	4	3	2	1	7	9
2	4	1	7	9	5	8	6	3
9	7	3	8	1	6	5	4	2
4	3	7	6	8	9	2	5	1
5	1	9	3	2	7	6	8	4
6	8	2	5	4	1	3	9	7
7	5	4	1	6	3	9	2	8
1	9	8	2	5	4	7	3	6
3	2	6	9	7	8	4	1	5

Solutions

Puzzle 43

6	3	7	8	2	1	9	4	5
4	9	1	5	3	7	6	8	2
5	2	8	9	4	6	3	1	7
1	5	6	7	9	2	8	3	4
3	4	2	6	8	5	1	7	9
7	8	9	4	1	3	5	2	6
8	7	3	2	5	9	4	6	1
9	6	4	1	7	8	2	5	3
2	1	5	3	6	4	7	9	8

Puzzle 44

6	3	4	9	2	5	7	1	8
7	9	5	6	1	8	4	3	2
8	1	2	3	4	7	5	9	6
4	2	9	5	8	3	1	6	7
1	5	7	2	6	4	3	8	9
3	6	8	1	7	9	2	5	4
5	7	6	8	3	2	9	4	1
9	4	1	7	5	6	8	2	3
2	8	3	4	9	1	6	7	5

Puzzle 45

4	5	2	9	6	1	7	8	3
8	7	3	5	4	2	1	6	9
9	6	1	7	8	3	4	2	5
1	9	8	3	2	6	5	7	4
6	4	7	8	9	5	2	3	1
2	3	5	1	7	4	8	9	6
7	2	4	6	5	9	3	1	8
3	8	6	4	1	7	9	5	2
5	1	9	2	3	8	6	4	7

Puzzle 46

3	9	1	8	2	7	6	5	4
4	2	7	9	6	5	8	1	3
6	8	5	1	3	4	2	9	7
7	1	4	2	5	6	9	3	8
9	5	3	7	8	1	4	6	2
2	6	8	4	9	3	1	7	5
1	4	9	3	7	8	5	2	6
5	3	2	6	4	9	7	8	1
8	7	6	5	1	2	3	4	9

Puzzle 47

3	5	1	8	7	2	4	9	6
7	2	8	6	9	4	3	5	1
6	4	9	5	1	3	7	2	8
5	1	7	9	8	6	2	3	4
4	6	3	7	2	1	5	8	9
9	8	2	4	3	5	6	1	7
8	7	5	3	6	9	1	4	2
2	3	6	1	4	8	9	7	5
1	9	4	2	5	7	8	6	3

Puzzle 48

7	8	9	4	2	3	6	1	5
2	4	5	7	6	1	9	3	8
1	3	6	5	8	9	4	2	7
3	7	8	1	9	4	2	5	6
5	6	1	8	7	2	3	9	4
4	9	2	3	5	6	7	8	1
9	2	4	6	1	5	8	7	3
8	5	3	2	4	7	1	6	9
6	1	7	9	3	8	5	4	2

Solutions

Puzzle 49

3	6	7	5	8	4	9	2	1
5	4	1	3	9	2	7	6	8
8	9	2	1	7	6	5	4	3
2	1	3	6	4	9	8	5	7
4	7	9	8	1	5	2	3	6
6	8	5	7	2	3	4	1	9
7	3	6	4	5	8	1	9	2
1	2	4	9	6	7	3	8	5
9	5	8	2	3	1	6	7	4

Puzzle 50

6	7	8	4	1	2	3	5	9
4	3	2	9	6	5	1	7	8
9	1	5	8	7	3	6	2	4
8	2	3	1	4	9	7	6	5
7	6	4	2	5	8	9	1	3
1	5	9	7	3	6	4	8	2
3	8	7	5	9	1	2	4	6
2	4	6	3	8	7	5	9	1
5	9	1	6	2	4	8	3	7

Puzzle 51

4	6	1	7	8	2	9	5	3
9	5	8	4	6	3	2	1	7
3	2	7	9	5	1	8	6	4
6	7	9	5	3	8	4	2	1
1	4	2	6	7	9	5	3	8
8	3	5	2	1	4	6	7	9
7	8	6	1	9	5	3	4	2
2	1	3	8	4	6	7	9	5
5	9	4	3	2	7	1	8	6

Puzzle 52

3	1	8	9	2	7	5	6	4
4	6	5	3	8	1	2	7	9
7	9	2	4	6	5	1	3	8
5	2	3	1	4	8	7	9	6
1	7	6	2	3	9	8	4	5
8	4	9	5	7	6	3	1	2
6	3	1	8	9	2	4	5	7
9	8	4	7	5	3	6	2	1
2	5	7	6	1	4	9	8	3

Puzzle 53

9	7	3	8	6	4	2	1	5
2	6	5	1	9	7	8	3	4
1	4	8	5	2	3	6	9	7
3	8	6	7	1	5	4	2	9
5	9	2	4	3	6	1	7	8
7	1	4	9	8	2	5	6	3
4	3	7	6	5	1	9	8	2
8	2	1	3	4	9	7	5	6
6	5	9	2	7	8	3	4	1

Puzzle 54

7	6	9	1	4	2	5	8	3
1	5	4	3	8	9	2	7	6
2	8	3	7	5	6	9	1	4
4	1	2	9	6	5	8	3	7
6	9	7	8	3	4	1	2	5
8	3	5	2	1	7	6	4	9
9	2	6	4	7	1	3	5	8
5	4	8	6	2	3	7	9	1
3	7	1	5	9	8	4	6	2

Solutions

Puzzle 55

2	1	3	5	7	9	6	4	8
7	8	5	6	2	4	3	9	1
9	4	6	3	1	8	5	7	2
6	2	8	7	4	3	1	5	9
4	3	9	8	5	1	2	6	7
5	7	1	2	9	6	8	3	4
3	6	2	4	8	7	9	1	5
1	5	4	9	3	2	7	8	6
8	9	7	1	6	5	4	2	3

Puzzle 56

3	6	1	4	5	9	8	2	7
4	7	8	6	2	1	9	3	5
9	2	5	8	3	7	1	4	6
5	1	9	3	4	6	7	8	2
7	8	6	2	9	5	3	1	4
2	3	4	1	7	8	5	6	9
6	5	3	7	1	2	4	9	8
1	9	2	5	8	4	6	7	3
8	4	7	9	6	3	2	5	1

Puzzle 57

4	9	8	1	3	6	5	2	7
3	6	2	8	7	5	9	4	1
5	1	7	2	9	4	3	8	6
8	5	1	9	4	3	7	6	2
9	3	4	6	2	7	8	1	5
2	7	6	5	8	1	4	3	9
7	8	9	4	1	2	6	5	3
1	4	5	3	6	9	2	7	8
6	2	3	7	5	8	1	9	4

Puzzle 58

3	9	7	6	4	8	2	1	5
2	1	8	9	7	5	4	3	6
5	4	6	2	3	1	9	7	8
9	2	5	1	8	3	7	6	4
7	8	4	5	2	6	1	9	3
6	3	1	7	9	4	8	5	2
1	5	2	4	6	7	3	8	9
4	6	3	8	1	9	5	2	7
8	7	9	3	5	2	6	4	1

Puzzle 59

1	7	5	6	9	3	4	8	2
4	3	6	5	2	8	1	7	9
9	8	2	1	4	7	6	3	5
3	6	8	7	5	2	9	4	1
2	1	9	8	6	4	7	5	3
7	5	4	9	3	1	2	6	8
8	9	1	3	7	6	5	2	4
5	2	7	4	8	9	3	1	6
6	4	3	2	1	5	8	9	7

Puzzle 60

8	9	6	2	7	5	1	4	3
2	7	3	1	4	9	8	5	6
5	1	4	3	8	6	9	7	2
4	6	2	9	1	3	7	8	5
7	3	5	4	6	8	2	1	9
1	8	9	7	5	2	3	6	4
9	4	8	5	3	1	6	2	7
3	5	1	6	2	7	4	9	8
6	2	7	8	9	4	5	3	1

Solutions

Puzzle 61

2	8	6	9	4	7	3	5	1
5	3	7	6	1	2	8	4	9
4	9	1	8	5	3	6	2	7
6	4	5	1	7	8	9	3	2
3	2	8	5	9	4	1	7	6
1	7	9	2	3	6	5	8	4
8	5	2	7	6	1	4	9	3
9	6	3	4	2	5	7	1	8
7	1	4	3	8	9	2	6	5

Puzzle 62

1	9	8	6	3	5	4	2	7
3	4	6	7	8	2	1	5	9
5	7	2	4	9	1	6	8	3
2	3	5	9	6	4	7	1	8
8	1	7	2	5	3	9	4	6
4	6	9	1	7	8	2	3	5
6	8	1	5	2	7	3	9	4
7	5	4	3	1	9	8	6	2
9	2	3	8	4	6	5	7	1

Puzzle 63

7	9	5	2	8	1	3	6	4
2	3	1	7	4	6	8	9	5
6	8	4	9	3	5	2	1	7
5	2	9	4	6	3	1	7	8
1	4	8	5	7	2	6	3	9
3	6	7	8	1	9	4	5	2
9	5	3	1	2	8	7	4	6
4	1	2	6	9	7	5	8	3
8	7	6	3	5	4	9	2	1

Puzzle 64

3	5	8	2	4	6	9	1	7
2	6	1	5	9	7	3	4	8
7	4	9	3	1	8	5	2	6
5	2	3	7	6	9	1	8	4
4	8	6	1	3	5	2	7	9
1	9	7	8	2	4	6	5	3
9	7	2	6	8	1	4	3	5
8	3	4	9	5	2	7	6	1
6	1	5	4	7	3	8	9	2

Puzzle 65

2	4	5	6	1	7	3	9	8
6	1	9	3	8	4	2	5	7
7	8	3	9	5	2	1	6	4
9	2	6	8	7	3	5	4	1
4	5	8	2	6	1	9	7	3
3	7	1	4	9	5	8	2	6
8	6	7	1	2	9	4	3	5
1	3	2	5	4	6	7	8	9
5	9	4	7	3	8	6	1	2

Puzzle 66

5	4	2	1	9	8	7	6	3
9	7	1	6	5	3	4	8	2
3	8	6	7	4	2	9	1	5
1	5	3	9	2	7	8	4	6
6	9	7	8	3	4	5	2	1
4	2	8	5	6	1	3	7	9
8	1	5	2	7	9	6	3	4
7	3	9	4	1	6	2	5	8
2	6	4	3	8	5	1	9	7

Solutions

Puzzle 67

3	9	1	2	8	5	4	6	7
8	6	7	1	9	4	3	2	5
4	2	5	7	6	3	8	9	1
5	4	8	9	2	7	6	1	3
9	7	6	3	4	1	2	5	8
2	1	3	6	5	8	7	4	9
6	8	2	5	3	9	1	7	4
1	3	9	4	7	2	5	8	6
7	5	4	8	1	6	9	3	2

Puzzle 68

8	2	1	7	3	9	4	5	6
5	6	3	1	4	2	7	8	9
7	4	9	6	5	8	1	3	2
9	3	4	2	1	6	8	7	5
2	1	7	5	8	4	9	6	3
6	5	8	3	9	7	2	4	1
4	8	2	9	6	5	3	1	7
1	7	6	4	2	3	5	9	8
3	9	5	8	7	1	6	2	4

Puzzle 69

8	3	9	2	4	1	7	6	5
6	4	2	5	7	8	3	1	9
7	1	5	6	3	9	4	8	2
4	7	6	1	2	5	8	9	3
5	8	1	9	6	3	2	7	4
9	2	3	7	8	4	1	5	6
3	5	7	4	1	6	9	2	8
1	6	8	3	9	2	5	4	7
2	9	4	8	5	7	6	3	1

Puzzle 70

1	8	7	3	6	4	9	2	5
9	6	2	5	7	1	3	8	4
3	5	4	9	8	2	6	1	7
8	2	1	7	4	9	5	3	6
4	3	6	8	2	5	7	9	1
5	7	9	6	1	3	8	4	2
2	9	5	1	3	7	4	6	8
6	4	3	2	5	8	1	7	9
7	1	8	4	9	6	2	5	3

Puzzle 71

4	1	7	8	2	5	6	3	9
2	9	5	1	3	6	7	8	4
8	6	3	7	9	4	5	2	1
1	4	9	6	8	2	3	5	7
3	7	6	5	1	9	8	4	2
5	2	8	4	7	3	1	9	6
6	5	1	2	4	8	9	7	3
9	8	4	3	6	7	2	1	5
7	3	2	9	5	1	4	6	8

Puzzle 72

2	7	4	1	8	3	9	5	6
9	3	8	5	4	6	1	7	2
5	1	6	2	7	9	8	3	4
7	8	9	4	5	2	3	6	1
1	6	2	8	3	7	5	4	9
3	4	5	9	6	1	7	2	8
8	2	3	6	9	5	4	1	7
4	5	1	7	2	8	6	9	3
6	9	7	3	1	4	2	8	5

Solutions

Puzzle 73

8	7	6	4	9	2	3	5	1
9	2	3	5	1	6	4	8	7
5	1	4	8	7	3	2	6	9
4	9	7	3	2	5	8	1	6
3	5	8	1	6	4	7	9	2
2	6	1	9	8	7	5	3	4
1	8	2	7	5	9	6	4	3
6	4	9	2	3	8	1	7	5
7	3	5	6	4	1	9	2	8

Puzzle 74

8	2	4	7	6	5	9	1	3
6	1	3	9	2	8	4	7	5
7	5	9	4	1	3	2	8	6
5	4	7	6	8	9	1	3	2
1	8	6	2	3	4	5	9	7
3	9	2	1	5	7	8	6	4
4	7	5	3	9	1	6	2	8
9	6	8	5	7	2	3	4	1
2	3	1	8	4	6	7	5	9

Puzzle 75

5	9	2	7	4	6	1	3	8
4	8	7	9	3	1	6	2	5
1	6	3	8	2	5	4	7	9
6	1	5	3	9	4	2	8	7
3	2	4	1	8	7	9	5	6
8	7	9	6	5	2	3	4	1
7	3	6	4	1	8	5	9	2
2	4	8	5	6	9	7	1	3
9	5	1	2	7	3	8	6	4

Puzzle 76

5	3	6	1	7	9	4	2	8
8	1	7	5	4	2	6	3	9
2	4	9	8	6	3	1	5	7
4	8	5	3	2	1	9	7	6
1	9	2	6	8	7	5	4	3
6	7	3	9	5	4	8	1	2
3	5	1	2	9	8	7	6	4
7	2	8	4	1	6	3	9	5
9	6	4	7	3	5	2	8	1

Puzzle 77

7	9	4	2	8	3	1	5	6
1	5	3	6	7	4	8	9	2
8	6	2	5	1	9	4	3	7
6	8	1	9	3	5	7	2	4
2	4	5	7	6	8	9	1	3
9	3	7	4	2	1	6	8	5
3	7	6	8	9	2	5	4	1
4	2	9	1	5	6	3	7	8
5	1	8	3	4	7	2	6	9

Puzzle 78

6	1	3	8	7	5	9	2	4
2	7	9	4	6	3	5	8	1
8	5	4	9	1	2	3	6	7
7	4	6	3	2	9	8	1	5
1	9	8	7	5	6	4	3	2
5	3	2	1	8	4	7	9	6
9	2	1	5	3	7	6	4	8
4	8	5	6	9	1	2	7	3
3	6	7	2	4	8	1	5	9

Solutions

Puzzle 79

4	7	8	1	3	2	9	6	5
2	1	3	5	6	9	8	7	4
9	5	6	8	4	7	1	2	3
3	9	1	2	7	6	4	5	8
8	2	7	4	9	5	3	1	6
6	4	5	3	8	1	7	9	2
1	8	2	7	5	3	6	4	9
5	6	4	9	1	8	2	3	7
7	3	9	6	2	4	5	8	1

Puzzle 80

6	2	5	1	9	3	7	8	4
7	3	1	8	4	6	9	5	2
9	4	8	7	2	5	1	6	3
5	6	4	9	3	7	2	1	8
2	8	9	4	5	1	6	3	7
3	1	7	2	6	8	5	4	9
4	5	2	6	8	9	3	7	1
1	9	6	3	7	4	8	2	5
8	7	3	5	1	2	4	9	6

Puzzle 81

7	9	2	4	1	6	5	8	3
1	3	6	8	5	9	2	7	4
4	5	8	7	2	3	9	6	1
2	8	7	1	6	5	3	4	9
6	1	5	3	9	4	7	2	8
9	4	3	2	8	7	1	5	6
8	2	4	9	7	1	6	3	5
5	7	1	6	3	8	4	9	2
3	6	9	5	4	2	8	1	7

Puzzle 82

5	2	8	6	1	3	4	7	9
4	6	7	2	9	8	1	3	5
3	9	1	4	7	5	6	8	2
9	5	3	7	6	2	8	4	1
6	7	4	1	8	9	5	2	3
1	8	2	5	3	4	7	9	6
8	1	6	9	2	7	3	5	4
7	4	9	3	5	6	2	1	8
2	3	5	8	4	1	9	6	7

Puzzle 83

9	1	4	6	8	5	2	3	7
6	2	7	9	1	3	8	5	4
5	8	3	4	2	7	6	1	9
7	3	9	1	5	2	4	6	8
1	5	8	7	6	4	9	2	3
4	6	2	3	9	8	5	7	1
3	9	5	2	4	1	7	8	6
8	7	6	5	3	9	1	4	2
2	4	1	8	7	6	3	9	5

Puzzle 84

2	1	3	6	9	8	4	7	5
8	9	7	5	4	3	2	1	6
5	4	6	7	1	2	8	3	9
4	7	8	2	3	6	5	9	1
1	6	2	9	7	5	3	8	4
9	3	5	1	8	4	6	2	7
3	5	1	8	6	7	9	4	2
6	8	9	4	2	1	7	5	3
7	2	4	3	5	9	1	6	8

Solutions

Puzzle 85

3	1	9	7	5	6	2	8	4
6	7	4	9	2	8	1	3	5
2	8	5	4	3	1	6	9	7
7	9	8	6	1	4	3	5	2
4	6	2	5	8	3	9	7	1
1	5	3	2	7	9	4	6	8
5	4	7	3	6	2	8	1	9
9	3	1	8	4	7	5	2	6
8	2	6	1	9	5	7	4	3

Puzzle 86

3	6	4	7	2	8	9	5	1
7	1	5	4	9	3	6	8	2
2	9	8	6	1	5	3	4	7
5	2	1	9	8	7	4	3	6
4	8	6	3	5	1	2	7	9
9	3	7	2	6	4	8	1	5
1	7	9	8	3	6	5	2	4
8	4	2	5	7	9	1	6	3
6	5	3	1	4	2	7	9	8

Puzzle 87

1	7	3	9	6	2	5	8	4
4	2	6	8	5	1	9	7	3
9	8	5	7	3	4	6	1	2
5	4	7	3	1	8	2	6	9
6	3	1	5	2	9	7	4	8
2	9	8	4	7	6	3	5	1
8	6	4	2	9	5	1	3	7
3	5	9	1	8	7	4	2	6
7	1	2	6	4	3	8	9	5

Puzzle 88

4	6	7	9	1	3	2	8	5
9	2	3	8	6	5	7	1	4
1	5	8	2	7	4	6	3	9
6	7	1	5	3	8	4	9	2
2	8	5	4	9	7	1	6	3
3	9	4	1	2	6	8	5	7
5	1	2	6	4	9	3	7	8
8	3	6	7	5	2	9	4	1
7	4	9	3	8	1	5	2	6

Puzzle 89

6	5	2	1	8	7	9	3	4
1	3	9	2	4	5	7	6	8
4	8	7	9	3	6	1	5	2
2	1	4	6	7	9	5	8	3
8	7	5	3	1	2	4	9	6
9	6	3	8	5	4	2	1	7
3	2	1	7	9	8	6	4	5
7	4	8	5	6	1	3	2	9
5	9	6	4	2	3	8	7	1

Puzzle 90

1	3	9	6	8	2	4	5	7
8	4	5	3	7	9	1	2	6
7	6	2	4	5	1	8	3	9
4	1	8	7	2	6	5	9	3
5	7	6	9	3	4	2	1	8
2	9	3	8	1	5	6	7	4
6	2	7	1	4	3	9	8	5
9	8	1	5	6	7	3	4	2
3	5	4	2	9	8	7	6	1

Solutions

Puzzle 91

9	7	1	8	4	3	5	2	6
6	8	2	7	1	5	4	3	9
4	3	5	9	2	6	8	7	1
5	1	3	2	8	9	6	4	7
2	4	9	3	6	7	1	5	8
7	6	8	4	5	1	3	9	2
8	9	4	1	3	2	7	6	5
3	5	7	6	9	8	2	1	4
1	2	6	5	7	4	9	8	3

Puzzle 92

8	2	7	1	4	6	3	5	9
6	9	3	5	2	8	1	4	7
1	5	4	7	9	3	8	2	6
3	6	2	4	8	1	7	9	5
4	8	5	9	6	7	2	3	1
9	7	1	3	5	2	4	6	8
5	1	8	6	3	4	9	7	2
7	4	6	2	1	9	5	8	3
2	3	9	8	7	5	6	1	4

Puzzle 93

7	8	4	6	9	1	2	3	5
2	1	5	7	8	3	6	4	9
6	3	9	4	2	5	7	8	1
8	5	2	1	6	7	4	9	3
1	4	7	2	3	9	5	6	8
3	9	6	5	4	8	1	2	7
5	6	8	3	7	4	9	1	2
4	7	3	9	1	2	8	5	6
9	2	1	8	5	6	3	7	4

Puzzle 94

7	4	1	9	6	3	8	2	5
8	2	9	1	5	7	6	3	4
5	6	3	8	4	2	9	1	7
6	9	5	4	2	1	7	8	3
4	3	2	5	7	8	1	9	6
1	7	8	6	3	9	5	4	2
3	1	7	2	9	5	4	6	8
9	5	4	3	8	6	2	7	1
2	8	6	7	1	4	3	5	9

Puzzle 95

3	1	8	5	4	9	6	2	7
2	5	7	3	8	6	9	1	4
4	6	9	2	1	7	5	3	8
6	3	4	1	7	5	2	8	9
1	8	5	9	2	3	4	7	6
9	7	2	4	6	8	3	5	1
5	2	6	8	9	1	7	4	3
7	4	1	6	3	2	8	9	5
8	9	3	7	5	4	1	6	2

Puzzle 96

7	3	9	5	1	2	6	4	8
6	2	4	9	7	8	5	3	1
8	1	5	4	3	6	9	2	7
9	8	2	3	5	7	1	6	4
4	7	6	2	8	1	3	9	5
1	5	3	6	4	9	7	8	2
2	4	7	1	9	3	8	5	6
5	9	1	8	6	4	2	7	3
3	6	8	7	2	5	4	1	9

Solutions

Puzzle 97

5	7	3	1	9	2	8	4	6
9	1	4	3	6	8	5	7	2
2	6	8	4	7	5	1	9	3
6	5	7	8	2	4	9	3	1
3	4	9	6	5	1	7	2	8
8	2	1	9	3	7	4	6	5
1	9	2	7	8	6	3	5	4
4	3	5	2	1	9	6	8	7
7	8	6	5	4	3	2	1	9

Puzzle 98

6	4	2	8	7	1	5	9	3
8	7	9	2	3	5	6	4	1
5	1	3	4	6	9	7	8	2
7	2	8	5	9	3	4	1	6
1	9	6	7	4	2	8	3	5
4	3	5	6	1	8	9	2	7
2	8	7	1	5	4	3	6	9
9	6	4	3	2	7	1	5	8
3	5	1	9	8	6	2	7	4

Puzzle 99

5	3	1	4	9	6	8	2	7
2	6	4	7	3	8	9	5	1
7	8	9	1	2	5	3	6	4
6	1	7	2	5	3	4	8	9
4	5	3	8	7	9	6	1	2
8	9	2	6	4	1	7	3	5
1	4	6	5	8	7	2	9	3
9	2	5	3	6	4	1	7	8
3	7	8	9	1	2	5	4	6

Puzzle 100

5	8	4	9	6	3	1	2	7
6	1	9	7	4	2	8	3	5
3	2	7	1	8	5	9	4	6
4	9	8	3	2	7	6	5	1
1	3	6	4	5	8	2	7	9
2	7	5	6	9	1	4	8	3
9	5	3	2	1	4	7	6	8
7	4	1	8	3	6	5	9	2
8	6	2	5	7	9	3	1	4

Puzzle 101

1	4	3	7	2	8	5	6	9
6	8	2	3	9	5	7	1	4
9	5	7	1	6	4	2	3	8
2	6	9	4	5	3	1	8	7
7	3	5	9	8	1	6	4	2
4	1	8	6	7	2	3	9	5
8	9	1	2	3	7	4	5	6
3	7	6	5	4	9	8	2	1
5	2	4	8	1	6	9	7	3

Puzzle 102

6	2	1	3	9	7	4	8	5
8	3	9	1	4	5	7	6	2
5	7	4	6	8	2	9	3	1
3	4	6	5	7	1	8	2	9
9	1	2	8	6	4	3	5	7
7	8	5	2	3	9	1	4	6
2	9	8	4	1	6	5	7	3
4	6	7	9	5	3	2	1	8
1	5	3	7	2	8	6	9	4

Solutions

Puzzle 103

5	4	9	8	3	7	6	1	2
8	7	2	6	4	1	5	9	3
6	1	3	5	2	9	8	4	7
2	8	7	4	1	5	9	3	6
3	9	4	7	6	2	1	8	5
1	6	5	3	9	8	7	2	4
4	5	1	2	8	6	3	7	9
9	2	6	1	7	3	4	5	8
7	3	8	9	5	4	2	6	1

Puzzle 104

1	7	2	9	3	8	5	4	6
3	8	4	5	2	6	1	9	7
5	9	6	7	4	1	2	3	8
2	5	8	4	7	3	6	1	9
9	6	7	2	1	5	4	8	3
4	3	1	8	6	9	7	2	5
6	2	5	3	9	4	8	7	1
7	1	3	6	8	2	9	5	4
8	4	9	1	5	7	3	6	2

Puzzle 105

3	1	7	2	4	6	8	5	9
6	4	9	1	5	8	7	3	2
8	5	2	7	9	3	6	4	1
7	6	1	9	8	4	5	2	3
9	3	5	6	2	7	4	1	8
2	8	4	5	3	1	9	7	6
5	9	6	4	1	2	3	8	7
1	7	8	3	6	5	2	9	4
4	2	3	8	7	9	1	6	5

Puzzle 106

2	4	1	5	9	8	6	7	3
5	9	7	3	4	6	1	2	8
3	6	8	1	7	2	9	5	4
9	1	2	4	8	7	5	3	6
6	7	4	2	5	3	8	1	9
8	3	5	6	1	9	2	4	7
7	5	6	9	3	1	4	8	2
4	8	9	7	2	5	3	6	1
1	2	3	8	6	4	7	9	5

Puzzle 107

8	1	7	4	5	9	3	6	2
2	4	9	6	3	7	5	1	8
6	3	5	2	8	1	7	9	4
4	7	8	9	2	3	6	5	1
3	5	1	7	6	4	2	8	9
9	6	2	5	1	8	4	3	7
5	9	4	1	7	6	8	2	3
1	2	3	8	4	5	9	7	6
7	8	6	3	9	2	1	4	5

Puzzle 108

1	6	7	3	2	9	4	8	5
2	8	3	4	5	7	1	9	6
4	5	9	8	1	6	2	7	3
5	3	6	9	4	2	7	1	8
9	4	8	6	7	1	3	5	2
7	1	2	5	8	3	9	6	4
6	2	5	7	9	4	8	3	1
8	9	1	2	3	5	6	4	7
3	7	4	1	6	8	5	2	9

Solutions

Puzzle 109

1	3	2	9	4	5	8	7	6
5	8	6	3	2	7	1	4	9
9	4	7	6	8	1	5	3	2
3	9	5	1	7	2	6	8	4
2	7	4	8	3	6	9	1	5
8	6	1	5	9	4	3	2	7
6	2	8	7	5	3	4	9	1
4	1	3	2	6	9	7	5	8
7	5	9	4	1	8	2	6	3

Puzzle 110

9	4	2	7	6	3	1	8	5
5	6	3	1	8	9	2	4	7
1	8	7	2	4	5	6	3	9
3	2	9	8	1	6	7	5	4
7	5	6	4	9	2	3	1	8
4	1	8	3	5	7	9	6	2
6	7	1	5	2	8	4	9	3
2	9	5	6	3	4	8	7	1
8	3	4	9	7	1	5	2	6

Puzzle 111

4	6	5	2	7	8	1	9	3
3	9	8	5	4	1	7	6	2
7	1	2	6	9	3	4	8	5
1	8	6	3	5	9	2	7	4
9	5	4	7	6	2	3	1	8
2	7	3	1	8	4	6	5	9
6	3	9	4	1	5	8	2	7
8	2	7	9	3	6	5	4	1
5	4	1	8	2	7	9	3	6

Puzzle 112

8	6	9	7	4	1	3	2	5
4	1	2	3	5	6	7	8	9
7	5	3	8	9	2	1	6	4
1	8	7	5	3	9	6	4	2
9	3	4	2	6	7	8	5	1
6	2	5	4	1	8	9	3	7
5	7	1	6	8	4	2	9	3
2	4	8	9	7	3	5	1	6
3	9	6	1	2	5	4	7	8

Puzzle 113

5	4	8	7	6	9	3	2	1
1	3	9	5	4	2	7	6	8
6	7	2	1	3	8	5	4	9
9	8	5	4	7	3	2	1	6
4	2	1	6	9	5	8	7	3
3	6	7	8	2	1	9	5	4
7	9	6	2	8	4	1	3	5
8	1	4	3	5	7	6	9	2
2	5	3	9	1	6	4	8	7

Puzzle 114

7	2	4	8	5	1	3	6	9
5	6	1	7	9	3	8	4	2
8	9	3	2	4	6	7	1	5
9	4	5	3	8	7	6	2	1
2	3	8	6	1	4	5	9	7
6	1	7	5	2	9	4	3	8
1	7	6	9	3	5	2	8	4
3	8	9	4	7	2	1	5	6
4	5	2	1	6	8	9	7	3

Solutions

Puzzle 115

4	2	9	8	5	7	1	6	3
5	3	8	1	4	6	7	9	2
7	1	6	2	3	9	4	5	8
2	6	3	9	7	4	5	8	1
9	4	5	6	1	8	2	3	7
1	8	7	5	2	3	9	4	6
6	9	2	7	8	5	3	1	4
3	5	1	4	6	2	8	7	9
8	7	4	3	9	1	6	2	5

Puzzle 116

7	4	8	5	9	2	6	3	1
5	6	2	3	1	7	4	8	9
1	3	9	6	4	8	2	5	7
8	9	1	2	5	4	3	7	6
6	5	7	8	3	1	9	2	4
3	2	4	7	6	9	5	1	8
2	7	6	9	8	3	1	4	5
9	1	3	4	7	5	8	6	2
4	8	5	1	2	6	7	9	3

Puzzle 117

1	7	9	4	8	5	2	3	6
4	6	3	1	7	2	9	8	5
8	5	2	3	9	6	1	4	7
7	4	8	9	5	3	6	2	1
5	3	6	2	1	4	8	7	9
9	2	1	7	6	8	4	5	3
6	8	7	5	2	9	3	1	4
2	1	4	6	3	7	5	9	8
3	9	5	8	4	1	7	6	2

Puzzle 118

2	8	5	6	9	7	3	1	4
1	4	9	8	3	2	6	5	7
6	7	3	5	1	4	9	2	8
3	9	8	1	5	6	7	4	2
4	5	2	3	7	8	1	9	6
7	6	1	4	2	9	8	3	5
9	3	6	2	8	5	4	7	1
8	2	7	9	4	1	5	6	3
5	1	4	7	6	3	2	8	9

Puzzle 119

4	6	5	3	9	1	8	2	7
2	1	3	7	8	6	9	5	4
8	9	7	4	2	5	3	6	1
9	8	6	5	1	3	4	7	2
3	2	4	8	6	7	1	9	5
5	7	1	2	4	9	6	3	8
7	4	9	6	5	8	2	1	3
1	3	8	9	7	2	5	4	6
6	5	2	1	3	4	7	8	9

Puzzle 120

4	5	8	1	9	2	6	3	7
3	9	2	6	5	7	1	8	4
6	1	7	4	3	8	5	9	2
5	2	4	7	8	1	9	6	3
8	6	3	5	4	9	2	7	1
1	7	9	2	6	3	4	5	8
2	3	5	9	7	4	8	1	6
7	4	6	8	1	5	3	2	9
9	8	1	3	2	6	7	4	5

Solutions

Puzzle 121

1	8	2	3	5	7	6	4	9
5	4	6	8	9	1	3	2	7
3	9	7	6	2	4	8	1	5
9	7	1	5	4	6	2	3	8
2	6	8	9	1	3	5	7	4
4	3	5	7	8	2	1	9	6
8	5	3	1	7	9	4	6	2
7	1	4	2	6	5	9	8	3
6	2	9	4	3	8	7	5	1

Puzzle 122

3	1	7	2	9	5	8	4	6
5	4	8	1	7	6	3	9	2
6	2	9	3	4	8	7	5	1
4	3	5	9	2	7	1	6	8
2	8	1	6	5	4	9	7	3
7	9	6	8	1	3	4	2	5
8	5	2	7	3	9	6	1	4
1	7	3	4	6	2	5	8	9
9	6	4	5	8	1	2	3	7

Puzzle 123

6	2	7	1	8	4	9	5	3
4	5	1	6	9	3	8	2	7
3	9	8	2	5	7	1	4	6
7	3	5	8	1	9	2	6	4
2	1	9	5	4	6	7	3	8
8	6	4	7	3	2	5	9	1
1	4	2	3	7	5	6	8	9
5	7	3	9	6	8	4	1	2
9	8	6	4	2	1	3	7	5

Puzzle 124

4	2	9	6	7	8	1	5	3
8	3	7	4	5	1	2	9	6
1	5	6	9	3	2	4	7	8
3	6	2	5	1	4	9	8	7
5	4	8	7	9	3	6	2	1
7	9	1	2	8	6	3	4	5
9	8	4	1	6	7	5	3	2
6	7	5	3	2	9	8	1	4
2	1	3	8	4	5	7	6	9

Puzzle 125

6	9	4	2	3	8	5	1	7
8	2	1	4	5	7	6	9	3
7	3	5	1	6	9	8	4	2
9	7	2	6	4	3	1	8	5
3	5	6	9	8	1	2	7	4
1	4	8	7	2	5	9	3	6
4	8	9	5	7	6	3	2	1
5	1	7	3	9	2	4	6	8
2	6	3	8	1	4	7	5	9

Puzzle 126

3	7	9	6	4	5	8	2	1
2	1	6	8	3	7	4	5	9
5	8	4	9	2	1	7	3	6
9	6	2	7	1	3	5	4	8
4	5	8	2	9	6	1	7	3
1	3	7	5	8	4	9	6	2
8	9	3	4	7	2	6	1	5
6	4	1	3	5	8	2	9	7
7	2	5	1	6	9	3	8	4

Solutions

Puzzle 127

7	8	3	1	5	6	4	9	2
4	1	9	7	3	2	5	6	8
2	6	5	8	4	9	1	3	7
9	5	8	2	1	3	7	4	6
3	2	6	5	7	4	9	8	1
1	7	4	6	9	8	3	2	5
8	9	1	3	2	7	6	5	4
6	4	7	9	8	5	2	1	3
5	3	2	4	6	1	8	7	9

Puzzle 128

8	9	5	1	6	7	4	3	2
1	3	7	4	2	9	5	6	8
6	4	2	8	5	3	7	1	9
2	6	1	5	9	8	3	4	7
9	7	3	2	4	1	8	5	6
5	8	4	7	3	6	2	9	1
3	1	8	6	7	5	9	2	4
4	5	6	9	8	2	1	7	3
7	2	9	3	1	4	6	8	5

Puzzle 129

7	1	5	4	6	9	2	3	8
4	2	8	3	1	7	6	9	5
3	6	9	8	5	2	1	7	4
1	9	2	5	7	4	3	8	6
6	8	4	9	2	3	7	5	1
5	7	3	6	8	1	9	4	2
8	5	7	2	3	6	4	1	9
2	4	1	7	9	8	5	6	3
9	3	6	1	4	5	8	2	7

Puzzle 130

7	9	2	5	1	3	6	4	8
4	5	3	8	6	7	9	2	1
6	1	8	2	9	4	7	3	5
5	7	4	1	2	9	8	6	3
8	3	1	7	4	6	5	9	2
2	6	9	3	8	5	1	7	4
3	8	5	6	7	2	4	1	9
9	2	7	4	5	1	3	8	6
1	4	6	9	3	8	2	5	7

Puzzle 131

3	2	5	6	9	1	7	4	8
6	8	1	4	3	7	5	9	2
7	9	4	2	5	8	1	6	3
9	7	8	3	6	5	2	1	4
1	4	3	9	8	2	6	5	7
2	5	6	7	1	4	3	8	9
8	6	2	1	7	9	4	3	5
4	1	9	5	2	3	8	7	6
5	3	7	8	4	6	9	2	1

Puzzle 132

3	5	6	7	2	9	4	8	1
7	2	9	1	8	4	6	3	5
8	1	4	5	3	6	7	9	2
4	7	8	9	1	3	2	5	6
5	6	3	8	7	2	1	4	9
1	9	2	4	6	5	8	7	3
9	3	1	2	4	8	5	6	7
2	8	5	6	9	7	3	1	4
6	4	7	3	5	1	9	2	8

Solutions

Puzzle 133

5	8	4	9	1	3	7	6	2
9	1	7	6	8	2	5	4	3
3	2	6	7	4	5	9	8	1
2	5	9	8	6	4	3	1	7
8	4	3	5	7	1	6	2	9
7	6	1	3	2	9	8	5	4
6	9	2	4	5	7	1	3	8
4	3	5	1	9	8	2	7	6
1	7	8	2	3	6	4	9	5

Puzzle 134

4	5	3	8	7	9	1	2	6
9	7	1	6	2	5	4	3	8
6	8	2	1	4	3	7	5	9
2	9	5	7	1	6	8	4	3
1	6	7	4	3	8	2	9	5
3	4	8	5	9	2	6	7	1
5	1	4	3	8	7	9	6	2
8	3	9	2	6	4	5	1	7
7	2	6	9	5	1	3	8	4

Puzzle 135

2	3	8	9	7	6	5	4	1
4	5	9	3	8	1	2	6	7
1	6	7	5	2	4	9	3	8
5	8	2	7	4	9	3	1	6
3	7	6	8	1	2	4	5	9
9	4	1	6	3	5	7	8	2
8	9	5	2	6	3	1	7	4
6	1	3	4	9	7	8	2	5
7	2	4	1	5	8	6	9	3

Puzzle 136

5	6	8	3	1	7	4	2	9
1	4	3	9	2	8	6	7	5
2	9	7	6	4	5	1	3	8
7	2	4	1	5	6	8	9	3
3	1	6	7	8	9	5	4	2
8	5	9	4	3	2	7	6	1
4	8	2	5	7	3	9	1	6
6	3	1	8	9	4	2	5	7
9	7	5	2	6	1	3	8	4

Puzzle 137

4	3	1	5	8	6	7	2	9
5	9	2	3	7	4	6	8	1
7	8	6	9	1	2	4	3	5
1	6	3	4	2	9	5	7	8
9	5	7	8	6	1	2	4	3
8	2	4	7	3	5	9	1	6
2	7	9	1	5	3	8	6	4
3	4	8	6	9	7	1	5	2
6	1	5	2	4	8	3	9	7

Puzzle 138

4	7	1	3	2	5	6	9	8
3	6	8	1	7	9	4	2	5
5	2	9	8	6	4	7	1	3
1	3	2	4	5	6	9	8	7
8	5	6	9	3	7	2	4	1
9	4	7	2	8	1	3	5	6
2	8	5	6	4	3	1	7	9
7	1	3	5	9	2	8	6	4
6	9	4	7	1	8	5	3	2

Solutions

Puzzle 139

2	8	7	3	4	9	5	6	1
3	9	1	6	8	5	4	2	7
5	4	6	1	2	7	8	3	9
8	1	2	7	6	4	9	5	3
9	5	3	8	1	2	6	7	4
7	6	4	5	9	3	2	1	8
4	7	9	2	3	6	1	8	5
6	3	8	4	5	1	7	9	2
1	2	5	9	7	8	3	4	6

Puzzle 140

7	3	1	9	6	8	2	4	5
9	5	4	2	7	1	6	3	8
2	6	8	4	3	5	9	1	7
3	7	5	8	9	6	1	2	4
4	2	9	1	5	3	8	7	6
1	8	6	7	4	2	5	9	3
8	4	7	5	2	9	3	6	1
6	1	2	3	8	4	7	5	9
5	9	3	6	1	7	4	8	2

Puzzle 141

3	4	2	5	8	9	7	1	6
7	6	5	3	4	1	9	2	8
9	1	8	6	2	7	4	3	5
2	5	6	1	3	4	8	7	9
4	8	7	9	5	2	3	6	1
1	3	9	8	7	6	2	5	4
5	9	3	2	1	8	6	4	7
8	7	1	4	6	3	5	9	2
6	2	4	7	9	5	1	8	3

Puzzle 142

3	1	7	9	8	5	4	6	2
5	9	6	2	3	4	8	1	7
4	8	2	6	7	1	5	3	9
8	7	9	5	6	3	1	2	4
2	3	1	8	4	9	6	7	5
6	4	5	1	2	7	3	9	8
7	2	4	3	1	8	9	5	6
9	6	3	4	5	2	7	8	1
1	5	8	7	9	6	2	4	3

Puzzle 143

3	4	7	9	8	6	1	5	2
5	9	8	4	1	2	7	6	3
1	2	6	3	7	5	9	8	4
8	5	4	7	9	1	3	2	6
7	3	2	5	6	8	4	1	9
9	6	1	2	4	3	8	7	5
4	8	3	6	2	7	5	9	1
2	7	9	1	5	4	6	3	8
6	1	5	8	3	9	2	4	7

Puzzle 144

7	8	3	1	2	5	9	6	4
2	5	1	4	6	9	7	8	3
6	4	9	8	7	3	1	5	2
5	1	2	6	9	4	3	7	8
9	6	8	3	1	7	4	2	5
4	3	7	5	8	2	6	9	1
3	9	5	2	4	6	8	1	7
1	7	4	9	5	8	2	3	6
8	2	6	7	3	1	5	4	9

Solutions

Puzzle 145

6	3	2	7	8	9	1	4	5
4	7	8	3	1	5	2	9	6
5	9	1	2	6	4	8	3	7
8	6	3	5	4	7	9	2	1
1	5	7	9	2	8	3	6	4
9	2	4	6	3	1	7	5	8
7	1	6	4	9	3	5	8	2
3	4	5	8	7	2	6	1	9
2	8	9	1	5	6	4	7	3

Puzzle 146

9	5	1	7	6	8	4	2	3
8	6	4	1	2	3	5	7	9
2	3	7	5	4	9	6	1	8
7	8	9	6	1	4	3	5	2
3	1	6	9	5	2	8	4	7
4	2	5	8	3	7	1	9	6
1	7	3	2	8	5	9	6	4
6	4	2	3	9	1	7	8	5
5	9	8	4	7	6	2	3	1

Puzzle 147

8	4	6	9	5	1	3	7	2
7	5	1	8	3	2	9	4	6
9	3	2	4	7	6	8	5	1
4	6	9	2	1	5	7	3	8
2	7	5	6	8	3	1	9	4
3	1	8	7	9	4	6	2	5
1	8	7	5	4	9	2	6	3
5	2	3	1	6	7	4	8	9
6	9	4	3	2	8	5	1	7

Puzzle 148

9	8	5	6	4	2	7	3	1
2	3	6	7	9	1	8	4	5
4	7	1	5	8	3	2	6	9
5	6	8	4	1	7	3	9	2
1	9	7	2	3	5	4	8	6
3	4	2	8	6	9	5	1	7
8	5	9	1	7	4	6	2	3
7	1	4	3	2	6	9	5	8
6	2	3	9	5	8	1	7	4

Puzzle 149

4	6	3	7	5	8	1	2	9
7	9	5	2	1	4	3	6	8
2	8	1	3	6	9	4	5	7
9	4	6	1	2	3	8	7	5
1	7	2	5	8	6	9	3	4
5	3	8	9	4	7	6	1	2
3	5	4	8	7	1	2	9	6
8	1	7	6	9	2	5	4	3
6	2	9	4	3	5	7	8	1

Puzzle 150

2	6	5	4	8	1	9	7	3
7	1	4	5	9	3	2	6	8
9	3	8	2	7	6	1	5	4
1	9	7	3	2	5	8	4	6
5	2	6	7	4	8	3	9	1
4	8	3	6	1	9	5	2	7
8	4	2	1	5	7	6	3	9
6	7	9	8	3	2	4	1	5
3	5	1	9	6	4	7	8	2

Solutions

Puzzle 151

7	6	5	4	9	1	3	2	8
8	3	1	5	2	6	4	7	9
9	4	2	8	3	7	6	5	1
5	9	3	7	1	2	8	6	4
2	1	6	9	4	8	7	3	5
4	7	8	3	6	5	1	9	2
3	2	9	1	7	4	5	8	6
6	5	4	2	8	3	9	1	7
1	8	7	6	5	9	2	4	3

Puzzle 152

8	1	3	4	6	9	7	5	2
6	7	4	5	2	8	9	3	1
5	2	9	7	1	3	8	4	6
1	9	5	3	7	6	4	2	8
7	8	6	2	5	4	3	1	9
3	4	2	8	9	1	5	6	7
2	6	7	9	3	5	1	8	4
4	5	1	6	8	7	2	9	3
9	3	8	1	4	2	6	7	5

Puzzle 153

1	9	8	7	3	5	4	2	6
6	7	2	8	1	4	3	5	9
5	4	3	2	9	6	7	8	1
7	6	1	3	2	8	9	4	5
8	2	4	6	5	9	1	7	3
3	5	9	4	7	1	8	6	2
4	3	5	9	6	7	2	1	8
2	1	7	5	8	3	6	9	4
9	8	6	1	4	2	5	3	7

Puzzle 154

8	9	1	7	2	5	3	6	4
2	3	4	6	9	8	1	7	5
5	6	7	4	3	1	9	2	8
6	4	9	5	1	2	7	8	3
3	1	5	8	6	7	2	4	9
7	2	8	3	4	9	5	1	6
9	7	3	1	8	4	6	5	2
1	8	6	2	5	3	4	9	7
4	5	2	9	7	6	8	3	1

Puzzle 155

8	7	1	4	2	9	6	3	5
5	4	3	7	1	6	2	8	9
6	2	9	3	5	8	1	7	4
7	9	8	5	6	4	3	1	2
1	5	6	2	3	7	4	9	8
4	3	2	8	9	1	7	5	6
2	6	7	1	8	5	9	4	3
9	8	4	6	7	3	5	2	1
3	1	5	9	4	2	8	6	7

Puzzle 156

3	7	1	9	2	6	8	4	5
5	9	8	4	1	7	2	3	6
2	4	6	8	5	3	1	7	9
4	8	7	5	6	2	9	1	3
6	5	2	1	3	9	4	8	7
1	3	9	7	4	8	6	5	2
8	2	5	6	7	4	3	9	1
7	6	4	3	9	1	5	2	8
9	1	3	2	8	5	7	6	4

Solutions

Puzzle 157

4	1	9	7	5	2	3	8	6
6	8	7	1	9	3	4	2	5
3	2	5	8	6	4	9	7	1
5	4	6	9	1	8	7	3	2
9	7	2	4	3	6	5	1	8
8	3	1	2	7	5	6	4	9
7	9	3	5	2	1	8	6	4
1	6	8	3	4	9	2	5	7
2	5	4	6	8	7	1	9	3

Puzzle 158

6	1	5	4	8	3	7	2	9
7	9	2	1	6	5	8	4	3
8	3	4	2	9	7	6	1	5
5	2	7	9	4	8	1	3	6
9	4	8	3	1	6	2	5	7
1	6	3	7	5	2	4	9	8
2	7	6	5	3	4	9	8	1
3	8	1	6	2	9	5	7	4
4	5	9	8	7	1	3	6	2

Puzzle 159

5	4	7	1	3	8	2	9	6
6	2	9	4	7	5	1	3	8
1	8	3	9	2	6	7	4	5
8	9	1	3	6	7	4	5	2
2	3	5	8	4	9	6	7	1
7	6	4	2	5	1	3	8	9
9	7	8	6	1	4	5	2	3
4	1	2	5	8	3	9	6	7
3	5	6	7	9	2	8	1	4

Puzzle 160

7	1	3	8	6	4	5	9	2
4	8	5	7	2	9	6	1	3
9	2	6	5	3	1	4	7	8
2	6	4	1	8	7	9	3	5
1	5	8	3	9	6	7	2	4
3	9	7	4	5	2	1	8	6
6	3	1	2	7	5	8	4	9
8	7	9	6	4	3	2	5	1
5	4	2	9	1	8	3	6	7

Puzzle 161

4	1	7	5	8	2	9	6	3
5	3	6	4	1	9	8	7	2
9	2	8	3	7	6	4	1	5
1	5	4	6	9	7	2	3	8
2	7	9	1	3	8	6	5	4
8	6	3	2	4	5	7	9	1
7	8	2	9	5	1	3	4	6
6	4	1	7	2	3	5	8	9
3	9	5	8	6	4	1	2	7

Puzzle 162

2	5	8	3	9	4	6	7	1
6	4	3	8	1	7	2	9	5
1	9	7	6	5	2	4	3	8
8	3	5	2	4	9	1	6	7
9	6	4	7	8	1	5	2	3
7	2	1	5	3	6	9	8	4
4	1	2	9	7	8	3	5	6
5	8	9	1	6	3	7	4	2
3	7	6	4	2	5	8	1	9